Made in the USA
Las Vegas, NV
29 December 2023

83700499R00056